www.beltz.de
© 2012 Beltz & Gelberg
in der Verlagsgruppe Beltz · Weinheim Basel
Vormals erschienen bei Parabel
Alle Rechte vorbehalten
Gesamtherstellung:
Beltz Druckpartner GmbH & Co. KG, Hemsbach
Printed in Germany
ISBN 978-3-407-77316-6
4 5 6 7 8 9   16 15 14 13 12

Mein liebstes Märchenbuch

Märchen der Gebrüder Grimm
mit Bildern von Lore Hummel

BELTZ
& Gelberg

Hänsel und Gretel

Es war einmal ein armer Holzhacker, der wohnte mit seiner Frau und seinen zwei Kindern vor einem großen Wald. Das Bübchen hieß Hänsel und das Mädchen Gretel. Sie hatten wenig zu beißen und zu brechen und einmal, als eine große Teuerung ins Land kam, konnte er auch das tägliche Brot nicht mehr beschaffen. Wie er sich nun abends im Bett Gedanken machte und sich vor Sorgen herumwälzte, seufzte er und sprach zu seiner Frau: „Was soll aus uns werden? Wie können wir unsere armen Kinder ernähren, da wir für uns selbst nichts mehr haben?"
„Weißt du was, Mann", antwortete die Frau, „wir wollen morgen in aller Frühe die Kinder hinaus in den Wald führen, wo er am dicksten ist, da machen wir ihnen ein Feuer an und geben jedem noch ein Stück Brot; dann gehen wir an unsere Arbeit und lassen sie allein. Sie finden den Weg nicht wieder nach Haus und wir sind sie los!" – „Nein, Frau", sagte der Mann, „das tue ich nicht; wie sollt' ich's übers Herz bringen, meine Kinder im Wald allein zu lassen? Die wilden Tiere würden bald kommen und sie zerreißen." – „O du Narr", sagte sie, „dann müssen wir alle vier vor Hunger sterben", und ließ ihm keine Ruhe, bis er einwilligte. „Aber die armen Kinder tun mir Leid", sagte der Mann.

Die Kinder hatten vor Hunger auch nicht einschlafen können und gehört, was die Stiefmutter zum Vater gesagt hatte. Gretel weinte bittere Tränen und sprach zu Hänsel: „Nun ist's um uns geschehen." – „Still, Gretel", sprach Hänsel, „gräme dich nicht, ich will uns schon helfen." Und als die Alten eingeschlafen waren, stand er auf, zog sein Röcklein an, machte die Haustür auf und schlich hinaus. Da schien der Mond so hell und die weißen Kieselsteine, die vor dem Haus lagen, glänzten wie Silber. Hänsel steckte so viel in sein Röcklein, wie nur hinein wollten. Dann ging er wieder zurück und sprach zu Gretel: „Schlaf nur ruhig ein, liebes Schwesterlein, Gott wird uns nicht verlassen", und legte sich wieder in sein Bett.

Als der Tag anbrach, kam die Frau und weckte die Kinder: „Steht auf, ihr Faulenzer, wir wollen in den Wald gehen und Holz holen." Dann gab sie jedem ein Stückchen Brot und sprach: „Da habt ihr etwas für den Mittag, aber esst's nicht vorher auf, weiter kriegt ihr nichts." Gretel nahm das Brot

unter die Schürze, weil Hänsel die Steine in der Tasche hatte. Dann machten sie sich zusammen auf den Weg zum Wald. Als sie ein Weilchen gegangen waren, stand Hänsel still und guckte nach dem Haus zurück und tat das wieder und immer wieder. Der Vater sprach: „Hänsel, was guckst du da und bleibst zurück, hab Acht und vergiss deine Beine nicht." – „Ach, Vater", sagte Hänsel, „ich sehe nach meinem weißen Kätzchen, das sitzt oben auf dem Dach und will mir ade sagen." Die Frau sprach: „Narr, das ist dein

Kätzchen nicht, das ist die Morgensonne, die auf den Schornstein scheint." Hänsel aber hatte nicht nach dem Kätzchen gesehen, sondern immer einen von den Kieselsteinen auf den Weg geworfen.

Als sie mitten im Wald waren, sprach der Vater: „Nun sammelt Holz, Kinder, ich will ein Feuer anmachen, damit ihr nicht friert." Hänsel und Gretel trugen Reisig zusammen. Es wurde angezündet, und als die Flamme hoch brannte, sagte die Frau: „Nun legt euch ans Feuer, Kinder, und ruht euch aus, wir gehen in den Wald und hauen Holz. Wenn wir fertig sind, kommen wir wieder und holen euch ab."

Hänsel und Gretel saßen am Feuer, und als der Mittag kam, aß jedes sein Stücklein Brot. Und weil sie die Schläge der Holzaxt hörten, glaubten sie, ihr Vater wäre in der Nähe. Es war aber nicht die Holzaxt, es war ein Ast, den er an einen dürren Baum gebunden hatte und den der Wind hin- und herschlug. Als sie so lange gesessen hatten, fielen ihnen die Augen zu, und sie schliefen ein.

Als sie wieder erwachten, war es schon finstere Nacht. Gretel fing an zu weinen und sprach: „Wie sollen wir nun aus dem Wald kommen?" Hänsel aber tröstete sie: „Wart nur ein Weilchen, bis der Mond aufgegangen ist, dann werden wir den Weg schon finden." Und als der volle Mond aufgestiegen war, nahm Hänsel sein Schwesterchen an der Hand und ging den Kieselsteinen nach, die ihnen den Weg zeigten. Sie gingen die ganze Nacht hindurch und kamen am anbrechenden Tag wieder zu ihres Vaters Haus. Sie klopften an die Tür, und als die Frau aufmachte und sah, dass es Hänsel und Gretel waren, sprach sie: „Ihr bösen Kinder, was habt ihr so lange im Wald getan, wir haben geglaubt, ihr wolltet gar nicht wiederkommen." Der Vater aber freute sich, dass sie wieder da waren.

Nicht lange danach war wieder Not in allen Ecken und die Kinder hörten, wie die Mutter nachts im Bett zum Vater sprach: „Alles ist wieder aufgezehrt, wir haben noch einen halben Laib Brot, danach hat das Lied ein Ende. Die Kinder müssen fort, wir wollen sie tiefer in den Wald hineinführen, damit sie den Weg nicht wieder zurückfinden!" Dem Mann fiel's schwer und er dachte: ‚Es wäre besser, dass du den letzten Bissen mit deinen Kindern teiltest.' Aber die Frau hörte auf nichts, was er sagte. Wer A sagt, muss auch B sagen, und weil er das erste Mal nachgegeben hatte, so musste er es auch zum zweiten Mal.

Die Kinder waren aber noch wach gewesen und hatten das Gespräch mit angehört. Als die Alten schliefen, stand Hänsel auf, wollte hinaus und Kieselsteine auflesen wie das vorige Mal, aber die Frau hatte die Tür verschlossen. Er tröstete sein Schwesterchen und sprach: „Weine nicht, Gretel, und schlaf ruhig, der liebe Gott wird uns schon helfen!"
Am Morgen kam die Frau und holte die Kinder aus dem Bett. Sie erhielten ihr Stückchen Brot, das aber noch kleiner war als das vorige Mal. Auf dem Weg nach dem Wald bröckelte es Hänsel in der Tasche, stand oft still und warf ein Bröcklein auf die Erde.

Die Frau führte die Kinder noch tiefer in den Wald, wo sie ihr Lebtag noch nicht gewesen waren. Dann wurde wieder ein großes Feuer angemacht und die Mutter sagte: „Bleibt nur sitzen, Kinder, und wenn ihr müde seid, könnt ihr ein wenig schlafen. Wir gehen in den Wald und hauen Holz und abends, wenn wir fertig sind, kommen wir und holen euch ab." Als es Mittag war, teilte Gretel ihr Brot mit Hänsel, der sein Stück auf den Weg gestreut hatte. Dann schliefen sie ein und der Abend verging, aber niemand kam zu den armen Kindern. Sie erwachten erst in der finsteren Nacht und Hänsel tröstete sein Schwesterchen und sagte: „Wart nur, Gretel, bis der Mond aufgeht, dann werden wir die Brotbröcklein sehen, die ich ausgestreut habe." Als der Mond kam, machten sie sich auf, aber sie fanden kein Bröcklein mehr; denn die vielen Vögel, die umherfliegen, die hatten sie weggepickt. Hänsel sagte zu Gretel: „Wir werden den Weg schon finden", aber sie fanden ihn nicht. Sie gingen die ganze Nacht und noch einen Tag von morgens bis abends, aber sie kamen aus dem Wald nicht heraus und waren so hungrig; denn sie hatten nichts als die Beeren im Wald. Und weil sie so müde waren, legten sie sich unter einen Baum und schliefen ein.

Nun war's schon der dritte Morgen, dass sie ihres Vaters Haus verlassen hatten. Sie fingen wieder an zu gehen, aber sie gerieten immer tiefer und tiefer in den Wald hinein. Wenn nicht bald Hilfe kam, mussten sie elend verschmachten. Als es Mittag war, sahen sie ein schneeweißes Vöglein auf einem Ast sitzen, das sang so schön, dass sie stehen blieben und ihm zuhörten. Als es fertig war, schwang es seine Flügel und flog vor ihnen her. Sie gingen ihm nach, bis sie zu einem Häuschen gelangten, auf dessen Dach es sich setzte, und als sie ganz nah herankamen, sahen sie, dass das Häuslein aus Brot gebaut war und mit Kuchen gedeckt; die Fenster aber waren von hellem Zucker. „Da wollen wir uns dranmachen", sprach Hänsel, „und eine gesegnete Mahlzeit halten. Ich will ein Stück vom Dach essen, Gretel, du kannst vom Fenster essen, das schmeckt süß." Hänsel brach sich ein wenig vom Dach ab, um zu versuchen, wie es schmeckte, und Gretel stellte sich an die Scheiben und knabberte daran. Da rief eine Stimme:

> „Knusper, knusper, knäuschen,
> wer knuspert an meinem Häuschen?"

Die Kinder antworteten:
„Der Wind, der Wind,
das himmlische Kind",

und aßen weiter, ohne sich stören zu lassen. Hänsel, dem das Dach sehr gut schmeckte, riss sich ein großes Stück davon herunter und Gretel stieß eine ganze runde Fensterscheibe heraus. Da ging auf einmal die Tür auf und eine steinalte Frau, die sich auf eine Krücke stützte, kam herausgeschlichen.

Hänsel und Gretel erschraken so sehr,
dass sie fallen ließen,
was sie in den Händen hielten.
Die Alte aber wackelte
mit dem Kopf und sprach:
„Ei, ihr lieben Kinder,
wer hat euch hierher gebracht?
Kommt nur herein und bleibt bei mir,
es geschieht euch kein Leid!"

Sie fasste beide an der Hand und führte sie in ihr Häuschen. Da wurde gutes Essen aufgetragen, Milch und Pfannenkuchen mit Zucker, Äpfel und Nüsse. Hernach wurden zwei schöne Bettlein gemacht und Hänsel und Gretel legten sich hinein und meinten, sie wären im Himmel.

Die Alte aber hatte sich nur so freundlich gestellt, war aber eine böse Hexe, die Kindern auflauerte und das Brothäuslein bloß gebaut hatte, um sie herbeizulocken. Wenn eines in ihre Gewalt kam, machte sie es tot, kochte und aß es. Die Hexen haben rote Augen und können nicht weit sehen, aber sie haben eine feine Nase und riechen es, wenn Menschen herankommen.

Als Hänsel und Gretel in ihre Nähe kamen, lachte sie boshaft und sprach höhnisch: „Die sollen mir nicht wieder entwischen." Frühmorgens, ehe die Kinder erwacht waren, stand sie auf, und als sie beide so lieblich ruhen sah, mit den vollen roten Backen, so murmelte sie vor sich hin: „Das wird ein guter Bissen werden." Da packte sie Hänsel mit ihrer dürren Hand, trug ihn in einen kleinen Stall und sperrte ihn ein. Er mochte schreien, wie er wollte, es half ihm nichts. Dann ging sie zu Gretel, rüttelte sie wach und rief: „Steh auf, Faulenzerin, trag Wasser und koch deinem Bruder etwas Gutes, der sitzt draußen im Stall und soll fett werden. Wenn er fett ist, so will ich ihn essen." Gretel fing an, bitterlich zu weinen, aber es war alles vergeblich, sie musste tun, was die böse Hexe verlangte.

Nun bekam Hänsel das beste Essen. Jeden Morgen schlich die Alte zu dem Ställchen und rief: „Hänsel, streck deine Finger heraus, damit ich fühle, ob du bald fett bist." Hänsel streckte ihr aber ein Knöchlein heraus und die Alte, die trübe Augen hatte, wunderte sich, dass er gar nicht fett werden wollte. Als vier Wochen herum waren und Hänsel immer mager blieb, überkam sie die Ungeduld und sie wollte nicht länger warten. „Heda, Gretel", rief sie dem Mädchen zu, „sei flink und hol Wasser. Hänsel mag fett oder mager sein, morgen will ich ihn schlachten und kochen." Ach, wie jammerte da das arme Schwesterchen. „Lieber Gott, hilf uns doch", rief es, „hätten uns nur die wilden Tiere im Wald gefressen, so wären wir zusammen gestorben." – „Spar dir dein Geplärre", sagte die Alte, „es hilft dir alles nichts." Frühmorgens musste Gretel heraus, den Kessel mit Wasser aufhängen und Feuer anzünden.

„Erst wollen wir backen", sagte die Alte, „ich habe den Backofen schon eingeheizt." Sie stieß die arme Gretel hinaus zu dem Backofen, aus dem die Feuerflammen schon herausschlugen. „Kriech hinein", sagte die Hexe, „und sieh zu, ob richtig eingeheizt ist, damit wir das Brot hineinschieben können." Aber sobald Gretel darin war, wollte sie den Ofen zumachen und Gretel sollte darin braten und dann wollte sie sie auch aufessen.

Aber Gretel merkte, was sie im Sinn hatte, und sprach: „Ich weiß nicht, wie ich's machen soll; wie komm' ich da hinein?" – „Dumme Gans", sagte die Alte, „die Öffnung ist groß genug, siehst du, ich könnte selbst hinein", krabbelte heran und steckte den Kopf in den Backofen. Da gab ihr Gretel jedoch einen Stoß, machte die eiserne Tür zu und schob den Riegel vor. Hu, da fing sie an zu heulen, ganz grauselig; aber Gretel lief fort und die gottlose Hexe musste elend verbrennen.

Gretel aber lief schnurstracks zum Hänsel, öffnete sein Ställchen und rief: „Hänsel, wir sind erlöst, die alte Hexe ist tot."

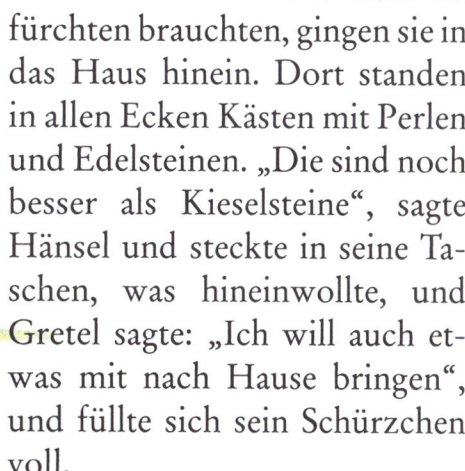

Da sprang Hänsel heraus wie ein Vogel aus dem Käfig, wenn ihm die Tür aufgemacht wird.

Wie haben sie sich gefreut und sind sich um den Hals gefallen! Und weil sie sich nicht mehr zu fürchten brauchten, gingen sie in das Haus hinein. Dort standen in allen Ecken Kästen mit Perlen und Edelsteinen. „Die sind noch besser als Kieselsteine", sagte Hänsel und steckte in seine Taschen, was hineinwollte, und Gretel sagte: „Ich will auch etwas mit nach Hause bringen", und füllte sich sein Schürzchen voll.

„Aber jetzt wollen wir fort", sagte Hänsel, „damit wir aus dem Hexenwald herauskommen." Als sie ein paar Stunden gegangen waren, gelangten sie an ein großes Wasser. „Wir können nicht hinüber", sprach Hänsel, „ich sehe keinen Steg und keine Brücke." „Hier fährt auch kein Schiffchen", antwortete Gretel, „aber da schwimmt eine weiße Ente, wenn ich die bitte, so hilft sie uns hinüber." Da rief sie:

> „Entchen, Entchen,
> da stehen Gretel und Hänschen.
> Kein Steg und keine Brücken,
> nimm uns auf deinen weißen Rücken."

Das Entchen kam auch heran, Hänsel setzte sich darauf und bat sein Schwesterchen, sich zu ihm zu setzen. „Nein", antwortete Gretel, „es wird dem Entchen zu schwer, es soll uns nacheinander hinüberbringen."

Das tat das gute Tierchen, und als sie glücklich drüben waren, da kam ihnen der Wald immer bekannter vor und endlich erblickten sie von weitem ihres Vaters Haus. Da fingen sie an zu laufen, stürzten in die Stube hinein und fielen ihrem Vater um den Hals.

Der Mann hatte keine frohe Stunde gehabt, seitdem er die Kinder im Walde gelassen hatte, die Frau aber war gestorben. Gretel schüttete ihr Schürzchen aus, dass die Perlen und Edelsteine in der Stube herumsprangen, und Hänsel warf eine Hand voll nach der anderen aus seiner Tasche dazu.
Da waren alle Sorgen vorbei und sie lebten glücklich bis an ihr Ende.

Der Froschkönig

In alten Zeiten, wo das Wünschen noch geholfen hat, lebte einmal ein König, dessen Töchter waren alle schön, aber die jüngste war so schön, dass die Sonne selber, die so vieles gesehen hat, sich verwunderte, sooft sie ihr ins Gesicht schien. Nahe bei dem Schlosse des Königs lag ein großer, dunkler Wald und in dem Walde, unter einer alten Linde, war ein Brunnen. Wenn nun der Tag recht heiß war, ging das Königskind hinaus in den Wald und setzte sich an den Brunnen, und wenn es Langeweile hatte, nahm es eine goldene Kugel, warf sie in die Höhe und fing sie wieder; und das war sein liebstes Spielzeug.

Nun trug es sich einmal zu, dass die goldene Kugel der Königstochter nicht in ihr Händchen fiel, das sie in die Höhe gehalten hatte, sondern vorbei auf die Erde schlug und geradezu ins Wasser hineinrollte. Die Königstochter sah ihr nach, aber die Kugel verschwand und der Brunnen war tief, so tief, dass man keinen Grund sah. Da fing sie an zu weinen und weinte immer lauter und konnte sich gar nicht beruhigen. Und wie sie so klagte, rief ihr jemand zu: „Was hast du vor, Königstochter, du schreist ja, dass sich ein Stein erbarmen möchte." Sie sah sich um, woher die Stimme käme. Da erblickte sie einen Frosch, der seinen dicken, hässlichen Kopf aus dem Wasser streckte. „Ach, du bist's, alter Wasserpatscher", sagte sie, „ich weine über meine goldene Kugel, die mir in den Brunnen hinabgefallen ist." – „Sei still und weine nicht", antwortete der Frosch, „ich kann wohl helfen, aber was gibst du mir, wenn ich dein Spielzeug wieder heraufhole?"

„Was du haben willst, lieber Frosch", sagte sie, „meine Kleider, meine Perlen und Edelsteine, auch noch die goldene Krone, die ich trage!"

Der Frosch antwortete: „Deine Kleider, deine Perlen und Edelsteine und deine goldene Krone, die mag ich nicht, aber wenn du mich lieb haben willst und ich soll dein Geselle und Spielkamerad sein, an deinem Tischlein neben dir sitzen, von deinem goldenen Tellerlein essen, aus deinem Becherlein trinken, in deinem Bettlein schlafen; wenn du mir das versprichst, so will ich hinuntersteigen und dir die goldene Kugel wieder heraufholen!"

„Ach ja" sagte sie, „ich verspreche dir alles, was du willst, wenn du mir nur die Kugel wiederbringst!" Sie dachte aber: ‚Was der einfältige Frosch da

schwätzt, der sitzt im Wasser bei seinesgleichen und quakt und kann keines Menschen Geselle sein.'

Der Frosch, als er die Zusage erhalten hatte, tauchte seinen Kopf unter, sank hinab und nach einer Weile kam er wieder heraufgerudert, hatte die Kugel im Maul und warf sie ins Gras. Die Königstochter war voller Freude, als sie ihr schönes Spielzeug wieder erblickte, hob es auf und sprang damit fort.

„Warte, warte", rief der Frosch, „nimm mich bitte mit, ich kann nicht so laufen wie du." Aber es half ihm nichts! Sie hörte nicht darauf, eilte nach Haus und hatte bald den armen Frosch vergessen, der wieder in seinen Brunnen hinabsteigen musste.

Am andern Tage, als sie sich mit dem König und allen Hofleuten zur Tafel gesetzt hatte und von ihrem goldenen Tellerlein aß, da kam, plitsch platsch, plitsch platsch, etwas die Marmortreppe heraufgekrochen, und als es oben angelangt war, klopfte es an die Tür und rief: „Königstochter, jüngste, mach mir auf!" Sie lief und wollte sehen, wer draußen wäre, als sie aber aufmachte, da saß der Frosch davor.

Da warf sie die Tür hastig zu, setzte sich wieder an den Tisch und es war ihr ganz angst. Der König sah wohl, dass ihr das Herz gewaltig klopfte, und sprach: „Mein Kind, was fürchtest du dich, steht etwa ein Riese vor der Tür und will dich holen?" – „Ach nein", antwortete sie, „es ist kein Riese, sondern ein garstiger Frosch."

„Was will der Frosch von dir?" – „Ach, lieber Vater, als ich gestern im Wald bei dem Brunnen saß und spielte, da fiel meine goldene Kugel ins Wasser. Und weil ich so weinte, hat sie der Frosch wieder heraufgeholt, und weil er es durchaus verlangte, so versprach ich ihm, er sollte mein Geselle werden, ich dachte aber nimmermehr, dass er aus seinem Wasser heraus könnte. Nun ist er draußen und will zu mir herein."

Indem klopfte es zum zweiten Mal und rief:

„Königstochter, jüngste, mach mir auf.
Weißt du nicht, was gestern du zu mir
gesagt bei dem kühlen Brunnenwasser?
Königstochter, jüngste, mach mir auf!"

Da sagte der König: „Was du versprochen hast, das musst du auch halten; geh nur und mach ihm auf." Sie ging und öffnete die Tür, da hüpfte der Frosch herein, ihr immer auf dem Fuße nach, bis zu ihrem Stuhl. Da saß er und rief: „Heb mich hinauf zu dir."

Sie zauderte, bis es endlich der König befahl. Als der Frosch erst auf dem Stuhl war, wollte er auf den Tisch, und als er da saß, sprach er: „Nun schieb mir dein goldenes Tellerlein näher, damit wir zusammen essen." Das tat sie zwar, aber man sah wohl, dass sie's nicht gerne tat.

Der Frosch ließ sich's gut schmecken, aber ihr blieb fast jedes Bisslein im Halse. Endlich sprach er: „Ich habe mich satt gegessen und bin müde, nun trag mich in dein seiden Bettlein, da wollen wir uns schlafen legen." Die Königstochter fing an zu weinen und fürchtete sich vor dem kalten Frosch, den sie sich nicht anzurühren getraute und der nun in ihrem schönen reinen Bettlein schlafen sollte.

Der König aber wurde zornig und sprach: „Wer dir geholfen hat, als du in Not warst, den sollst du hernach nicht verachten." Da packte sie ihn mit zwei Fingern, trug ihn hinauf und setzte ihn in eine Ecke. Als sie aber im Bett lag, kam er gekrochen und sprach: „Ich bin müde, ich will schlafen so gut wie du; heb mich hinauf oder ich sag's deinem Vater." Da wurde sie erst bitterböse, holte ihn herauf und warf ihn mit allen Kräften gegen die Wand: „Nun wirst du Ruhe haben, du garstiger Frosch!"

Als er aber herabfiel, war er kein Frosch mehr, sondern ein Königssohn mit schönen und freundlichen Augen. Er wurde nun nach ihres Vaters Willen ihr lieber Geselle und Gemahl. Da erzählte er ihr, er wäre von einer bösen Hexe verwünscht worden und niemand hätte ihn aus dem Brunnen erlösen können als sie allein und morgen wollten sie zusammen in sein Reich gehen.

Dann schliefen sie ein und am anderen Morgen kam ein Wagen herangefahren, mit acht weißen Pferden bespannt, die hatten weiße Straußenfedern auf dem Kopf und gingen in goldenen Ketten und hinten stand der Diener des Königs, das war der treue Heinrich. Der treue Heinrich hatte sich so betrübt, als sein Herr in einen Frosch verwandelt worden war, dass er drei eiserne Bande um sein Herz hatte legen lassen, damit es ihm nicht vor Weh und Traurigkeit zerspränge. Der Wagen aber sollte den jungen König in sein Reich abholen; der treue Heinrich hob beide hinein, stellte sich wieder hinten auf und war voller Freude über die Erlösung.

Und als sie ein Stück Wegs gefahren waren, hörte der Königssohn, dass es hinter ihm krachte, als wäre etwas zerbrochen. Da drehte er sich um und rief:

„Heinrich, der Wagen bricht!“
„Nein, Herr, der Wagen nicht,
es ist ein Band von meinem Herzen,
das da lag in großen Schmerzen,
als Ihr in dem Brunnen saßt,
als Ihr ein dicker Frosch noch wart.“

Noch einmal und noch einmal krachte es auf dem Weg und der Königssohn meinte immer, der Wagen bräche, aber es waren nur die Bande, die vom Herzen des treuen Heinrich absprangen, weil sein Herr erlöst und glücklich war.

Aschenputtel

Es war einmal ein reicher Mann, dessen Frau krank war, und als sie fühlte, dass ihr Ende herankam, rief sie ihr einziges Töchterlein zu sich und sprach: „Liebes Kind, bleib fromm und gut, so wird dir der liebe Gott immer beistehen und ich will vom Himmel auf dich herabblicken." Darauf tat sie die Augen zu und verschied. Das Mädchen ging jeden Tag zum Grab der Mutter und weinte und blieb fromm und gut. Als der Winter kam, deckte der Schnee ein weißes Tüchlein auf das Grab, und als die Sonne im Frühjahr es wieder herabgezogen hatte, nahm sich der Mann eine andere Frau.

Die Frau hatte zwei Töchter mit ins Haus gebracht, die schön von Angesicht, aber garstig von Herzen waren. Da brach eine schlimme Zeit für das arme Stiefkind an. „Soll die dumme Gans bei uns in der Stube sitzen?", sprachen sie. „Wer Brot essen will, muss es auch verdienen, hinaus mit ihr!" Sie nahmen ihm seine schönen Kleider weg, zogen ihm einen grauen alten Kittel an, lachten und führten es in die Küche. Da musste es früh aufstehn, Wasser tragen, Feuer anmachen, kochen und waschen. Obendrein taten ihm die Schwestern alles ersinnliche Herzeleid an, verspotteten es und schütteten ihm Linsen in die Asche, sodass es sie wieder auslesen musste. Abends, wenn es sich müde gearbeitet hatte, bekam es kein Bett, sondern musste sich neben dem Herd in die Asche legen. Und weil es darum immer staubig und schmutzig aussah, nannten sie es „Aschenputtel".

Es trug sich zu, dass der Vater einmal auf den Markt gehen wollte und die beiden Stieftöchter fragte, was er ihnen mitbringen sollte. „Schöne Kleider", sagte die eine; „Perlen und Edelsteine", die zweite. – „Aber du, Aschenputtel", sprach er, „was willst du haben?" – „Vater, den ersten Zweig, der Euch auf Eurem Heimweg an den Hut stößt, den brecht für mich ab!"

Er kaufte nun für die beiden Stiefschwestern schöne Kleider und Edelsteine und auf dem Rückweg, als er durch einen grünen Busch ritt, streifte ihn ein Haselzweig und stieß ihm den Hut ab. Da brach er den Zweig ab und nahm ihn mit. Als er nach Hause kam, gab er den Stieftöchtern, was sie sich gewünscht hatten, und Aschenputtel gab er den Haselzweig. Aschenputtel dankte ihm, ging zu seiner Mutter Grab, pflanzte den Zweig darauf und weinte so sehr, dass ihre Tränen darauf niederfielen und ihn begossen. Er wuchs aber und wurde ein schöner Baum.

Aschenputtel ging alle Tage dreimal darunter, weinte und betete und allemal kam ein weißes Vöglein auf den Baum, und wenn es einen Wunsch aussprach, so warf ihm das Vöglein herab, was es sich gewünscht hatte.

Eines Tages aber gab der König ein Fest, das drei Tage dauern sollte und wozu alle schönen Jungfrauen im Lande eingeladen wurden, damit sich sein Sohn eine Braut aussuchen möchte.

Die zwei Stiefschwestern, als sie hörten, dass sie auch dabei sein sollten, riefen Aschenputtel und sprachen:
„Kämme uns die Haare und bürste uns die Schuhe; wir gehen auf des Königs Schloss." Aschenputtel gehorchte, weinte aber, weil es auch gern zum Tanz mitgegangen wäre, und bat die Stiefmutter, sie möchte es ihm erlauben. „Du, Aschenputtel", sprach sie, „bist voller Staub und Schmutz und willst zum Tanz?"

Als es aber weiterbat, sprach sie endlich: „Da habe ich dir eine Schüssel Linsen in die Asche geschüttet, wenn du sie in zwei Stunden wieder ausgelesen hast, sollst du mitgehen." Das Mädchen ging durch die Hintertür zum Garten und rief: „Ihr zahmen Täubchen, ihr Turteltäubchen, all ihr Vöglein unter dem Himmel, kommt und helft mir lesen,

> die Guten ins Töpfchen,
> die Schlechten
> ins Kröpfchen."

Da kamen zum Küchenfenster zwei weiße Täubchen herein, danach die Turteltäubchen und endlich schwirrten und schwärmten alle Vöglein unter dem Himmel herein und ließen sich um die Asche nieder. Die Täubchen nickten mit den Köpfchen und fingen an pick, pick, pick, und da fingen die Übrigen auch an pick, pick, pick und lasen alle guten Körnlein in die Schüssel. Kaum war eine Stunde herum, waren sie fertig und flogen wieder hinaus. Da brachte das Mädchen die Schüssel der Stiefmutter, freute sich und glaubte, es dürfte nun mitkommen. Aber sie sprach: „Nein, Aschenputtel, du hast keine Kleider und kannst nicht tanzen, du wirst nur ausgelacht." – Als sie nun weinte, sprach sie: „Wenn du mir zwei Schüsseln voll Linsen in einer Stunde aus der Asche lesen kannst, so sollst du mitgehen", und dachte: ‚Das kann es ja nimmermehr'.

Als sie die zwei Schüsseln Linsen in die Asche geschüttet hatte, ging das Mädchen durch die Hintertür zum Garten und rief: „Ihr zahmen Täubchen, ihr Turteltäubchen, all ihr Vöglein unter dem Himmel, kommt und helft mir lesen,

die Guten ins Töpfchen,
die Schlechten
ins Kröpfchen."

Da kamen sie alle wieder zum Fenster herein und eh' eine
halbe Stunde um war, waren sie fertig und flogen wieder hinaus. Da trug das Mädchen die Schüsseln zu der Stiefmutter,
freute sich und glaubte, nun dürfte es bestimmt mitgehen.
Aber sie sprach: „Es hilft dir alles nichts, du kommst nicht
mit; denn du hast keine Kleider und kannst nicht tanzen; wir
müssten uns deiner schämen." Darauf eilte sie mit ihren
zwei stolzen Töchtern fort.

Als nun niemand mehr daheim war, ging Aschenputtel zu seiner Mutter Grab unter den Haselbaum und rief:

> „Bäumchen, rüttel dich und schüttel dich,
> wirf Gold und Silber über mich."

Da warf ihm der Vogel ein golden Kleid herunter. In aller Eile zog es das Kleid an und ging zum Fest. Seine Schwestern aber und die Stiefmutter kannten es nicht und meinten, es müsste eine fremde Königstochter sein, so sah es in dem goldenen Kleide aus. An Aschenputtel dachten sie gar nicht. Der Königssohn kam ihm entgegen, nahm es bei der Hand und tanzte mit ihm. Er wollte auch mit sonst niemandem tanzen, und wenn ein anderer kam, sprach er: „Das ist meine Tänzerin."

Es tanzte, bis es Abend war; dann wollte es nach Hause gehen. Der Königssohn aber sprach: „Ich gehe mit und begleite dich", denn er wollte sehen, wem das schöne Mädchen angehörte. Es entwischte ihm aber und sprang in ein Taubenhaus. Von dort lief es aufs Grab, zog das schöne Kleid aus und der Vogel holte es wieder weg.

Am anderen Tag, als das Fest von neuem begann und Eltern und Stiefschwestern wieder fort waren, ging Aschenputtel zu dem Haselbaum und sprach:

> „Bäumchen, rüttel dich und schüttel dich,
> wirf Gold und Silber über mich."

Da warf der Vogel ein noch viel schöneres Kleid herab. Und als es mit diesem Kleid auf dem Schloss erschien, erstaunte jedermann über seine Schönheit. Der Königssohn aber hatte gewartet, bis es kam, nahm es bei der Hand und tanzte nur allein mit ihm. Als es nun Abend war, wollte es fort und der Königssohn ging ihm nach um zu sehen, in welches Haus es ging. Aber Aschenputtel sprang ihm wieder fort.

Der Königssohn aber wartete, bis ihr Vater kam, und sprach zu ihm: „Das fremde Mädchen ist mir entwischt und ich glaube, es ist in dein Haus gelaufen." Der Vater dachte: ‚Sollte es Aschenputtel sein?' Auch am dritten Tag, als die Eltern und Schwestern fort waren, ging Aschenputtel zu seiner Mutter Grab und sprach zu dem Bäumchen:

„Bäumchen, rüttel dich und schüttel dich,
 wirf Gold und Silber über mich."

Nun warf ihm der Vogel ein Kleid herab, das war so prächtig und glänzend,
wie es noch keines gehabt hatte, und dazu Pantoffeln aus Gold. Als es in
dem Kleid zum Fest kam, wussten sie alle nicht, was sie vor Verwunderung
sagen sollten. Der Königssohn aber tanzte wieder nur allein mit ihm.

Als es nun Abend war, wollte Aschenputtel fort und der Königssohn wollte es begleiten, aber es entsprang ihm so geschwind, dass er nicht folgen konnte. Der Königssohn hatte aber eine List gebraucht und die ganze Treppe mit Pech bestreichen lassen. Da war, als es hinabsprang, der linke Pantoffel des Mädchens hängen geblieben. Der Königssohn hob ihn auf und er war klein und zierlich und ganz aus Gold.

Am nächsten Morgen ging er damit zu dem Mann und sagte: „Keine andere soll meine Gemahlin werden als die, an deren Fuß dieser goldene Schuh passt." Da freuten sich die beiden Schwestern; denn sie hatten schöne Füße. Die älteste ging mit dem Schuh in die Kammer und wollte ihn anprobieren und die Mutter stand dabei. Aber sie konnte mit der großen Zehe nicht hineinkommen, der Schuh war ihr zu klein; da sprach die Mutter: „Hau die Zehe ab, wenn du Königin bist, so brauchst du nicht mehr zu Fuß zu gehen." Das Mädchen hieb die Zehe ab, zwängte den Fuß in den Schuh, verbiss den Schmerz und ging hinaus zum Königssohn.
Da nahm er sie als seine Braut aufs Pferd und ritt mit ihr fort. Sie mussten aber an dem Grabe vorbei; da saßen die zwei Täubchen auf dem Haselbäumchen und riefen:

> „Rucke di guh, rucke di guh,
> Blut ist im Schuh.
> Der Schuh ist zu klein,
> die rechte Braut sitzt noch daheim."

Da blickte er auf ihren Fuß und sah, wie das Blut herausquoll. Er wendete sein Pferd um, brachte die falsche Braut wieder nach Hause und sagte, das wäre nicht die rechte; die andere Schwester sollte den Schuh anziehen. Da ging diese in die Kammer und kam mit den Zehen in den Schuh, aber die Ferse war zu groß. Da sprach die Mutter: „Hau ein Stück von der Ferse ab, wenn du Königin bist, brauchst du nicht mehr zu Fuß zu gehen." Das Mädchen hieb ein Stück von der Ferse ab, zwängte den Fuß in den Schuh, verbiss den Schmerz und ging hinaus zum Königssohn.
Da nahm er sie als seine Braut aufs Pferd und ritt mit ihr fort. Als sie an dem Haselbäumchen vorbeikamen, saßen die zwei Täubchen darauf und riefen:

„Rucke di guh, rucke di guh,
Blut ist im Schuh.
Der Schuh ist zu klein,
die rechte Braut sitzt noch daheim."

Er blickte nieder auf ihren Fuß und sah, wie das Blut aus dem Schuh quoll. Da wendete er sein Pferd und brachte die falsche Braut wieder nach Haus. „Das ist auch nicht die rechte", sprach er, „habt ihr keine andere Tochter?" – „Nein", sagte der Mann, „nur von meiner verstorbenen Frau ist noch ein kleines Aschenputtel da, das kann unmöglich die Braut sein." Der Königssohn sprach, er sollte es heraufschicken, die Mutter aber antwortete: „Ach nein, das ist viel zu schmutzig." Er wollte es aber durchaus haben und Aschenputtel musste gerufen werden. Da wusch es sich Hände und Angesicht rein, ging hin und verneigte sich vor dem Königssohn, der ihm den goldenen Schuh reichte. Dann setzte es sich auf einen Schemel, zog den Fuß aus dem schweren Holzschuh und steckte ihn in den Pantoffel, der saß wie angegossen. Und als es sich aufrichtete und der Königssohn ihm ins Gesicht sah, erkannte er das schöne Mädchen, das mit ihm getanzt hatte, und rief: „Das ist die rechte Braut!" Die Stiefmutter und die beiden Schwestern erschraken und wurden bleich vor Ärger. Er nahm Aschenputtel aufs Pferd und ritt mit ihm fort. Als sie an dem Haselbäumchen vorbeikamen, riefen die zwei weißen Täubchen:

> „Rucke di guh, rucke di guh,
> kein Blut ist im Schuh.
> Der Schuh ist nicht zu klein,
> die rechte Braut, die führt er heim."

Und als sie das gerufen hatten, kamen sie beide herabgeflogen und setzten sich dem Aschenputtel auf die Schultern, eins rechts, das andere links.

> Bald wurde die Hochzeit gefeiert,
> und sie lebten glücklich und zufrieden
> bis an ihr Ende.

Der Wolf und die sieben Geißlein

Es war einmal eine alte Geiß, die hatte sieben Geißlein und hatte sie lieb, wie eine Mutter ihre Kinder lieb hat.

Eines Tages wollte sie in den Wald gehen und Futter holen, da rief sie alle sieben herbei und sprach:
„Liebe Kinder, ich will hinaus in den Wald, seid auf der Hut vor dem Wolf; wenn er hereinkommt, so frisst er euch alle mit Haut und Haar. Der Bösewicht verstellt sich oft, aber an seiner rauen Stimme und an seinen schwarzen Füßen werdet ihr ihn gleich erkennen."

Die Geißlein sagten:
„Liebe Mutter, wir wollen uns schon in Acht nehmen!"

Da meckerte die Alte und machte sich getrost auf den Weg.

Es dauerte nicht lange, so klopfte jemand an die Haustür und rief: „Macht auf, ihr lieben Kinder, eure Mutter ist da und hat jedem von euch etwas mitgebracht."

Aber die Geißlein hörten an der rauen Stimme, dass es der Wolf war. „Wir machen nicht auf", riefen sie, „du bist unsere Mutter nicht, die hat eine feine und liebliche Stimme, aber deine Stimme ist rau; du bist der Wolf."

Da ging der Wolf fort zu einem Krämer und kaufte sich ein großes Stück Kreide. Die aß er und machte damit seine Stimme fein. Dann kam er zurück, klopfte an die Haustür und rief: „Macht auf, ihr lieben Kinder, eure Mutter ist da und hat jedem von euch etwas mitgebracht." Aber der Wolf hatte seine schwarze Pfote in das Fenster gelegt, das sahen die Kinder und riefen: „Wir machen nicht auf, unsere Mutter hat keinen schwarzen Fuß wie du, du bist der Wolf." Da lief der Wolf zu einem Bäcker und sprach: „Ich habe mich am Fuß gestoßen, streich mir Teig darüber!"

Und als ihm der Bäcker die Pfote bestrichen hatte, lief er zum Müller und sprach: „Streu mir weißes Mehl auf meine Pfote."

Der Müller dachte: ‚Der Wolf will einen betrügen‘, und weigerte sich, aber der Wolf sprach: „Wenn du es nicht tust, so fresse ich dich!"

Da fürchtete sich der Müller und machte ihm die Pfote weiß.

Nun ging der Bösewicht zum dritten Mal zu der Haustür, klopfte an und sprach: „Macht mir auf, Kinder, euer liebes Mütterlein ist heimgekommen und hat jedem von euch etwas aus dem Walde mitgebracht."

Die Geißlein riefen: „Zeig uns erst deine Pfote, damit wir wissen, dass du unser liebes Mütterchen bist." Da legte er die Pfote ins Fenster, und als sie sahen, dass sie weiß war, so glaubten sie, was er sagte, und machten die Tür auf. Wer aber hereinkam, das war der Wolf.

Sie erschraken und wollten sich verstecken.

Das Eine sprang unter den Tisch,
das Zweite ins Bett,
das Dritte in den Ofen,
das Vierte in die Küche,
das Fünfte in den Schrank,
das Sechste unter die Waschschüssel,
das Siebte in den Kasten der Wanduhr.

Aber der Wolf fand sie alle. Eins nach dem anderen schluckte er in seinen Rachen; nur das Jüngste in dem Uhrkasten, das fand er nicht.

Als der Wolf seine Lust gestillt hatte, trollte er sich fort, legte sich unter einen Baum und fing an zu schlafen.

Nicht lange danach kam die Geiß wieder heim. Ach, was musste sie da erblicken! Die Haustür stand sperrweit auf; Tisch, Stühle und Bänke waren umgeworfen, die Waschschüssel lag in Scherben, Decke und Kissen waren aus dem Bett gezogen. Sie suchte ihre Kinder, aber nirgends waren sie zu finden. Sie rief sie nacheinander beim Namen, aber niemand antwortete.

Endlich, als sie an das Jüngste kam, da rief eine feine Stimme: „Liebe Mutter, ich stecke im Uhrkasten." Sie holte es heraus und es erzählte ihr, dass der Wolf gekommen wäre und die anderen alle gefressen hätte. Da könnt ihr denken, wie sie über ihre armen Kinder geweint hat.

Endlich ging sie in ihrem Jammer hinaus und das jüngste Geißlein lief mit. Als sie auf die Wiese kamen, lag da der Wolf an dem Baum und schnarchte, dass die Äste zitterten. Sie betrachtete ihn von allen Seiten und sah, dass in seinem angefüllten Bauch sich etwas regte und zappelte. ‚Ach Gott', dachte sie, ‚sollten meine armen Kinder, die er hinuntergewürgt hat, noch leben?'

Da musste das Geißlein nach Hause laufen und Schere, Nadel und Zwirn holen. Dann schnitt sie dem Ungetüm den Wanst auf und kaum hatte sie einen Schnitt getan, so streckte schon ein Geißlein den Kopf heraus, und als sie weiterschnitt, so sprangen nacheinander alle sechs heraus und waren noch am Leben und hatten nicht einmal Schaden gelitten; denn das Ungetüm hatte sie in der Gier ganz hinuntergeschluckt.

Das war eine Freude! Da herzten sie ihre liebe Mutter und hüpften wie ein Schneider, der Hochzeit hält. Die Alte aber sagte: „Jetzt geht und sucht Wackersteine, damit wollen wir dem gottlosen Tier den Bauch füllen, solange es noch im Schlafe liegt."

Da schleppten die sieben Geißlein in aller Eile Steine herbei und steckten sie ihm in den Bauch, so viel sie hineinbringen konnten. Dann nähte ihn die Alte in aller Geschwindigkeit wieder zu, dass er nichts merkte und sich nicht einmal regte.

Als der Wolf endlich ausgeschlafen hatte, machte er sich auf die Beine, und weil ihn die Steine im Magen durstig machten, wollte er zu einem Brunnen gehen und trinken.

Als er aber anfing zu gehen, da stießen die Steine in seinem Bauch aneinander und rappelten. Da rief er:

„Was rumpelt und pumpelt
in meinem Bauch herum?
Ich meinte, es wären sechs Geißlein,
so sind's lauter Wackersteine."

Und als er an den Brunnen kam und sich über das Wasser bückte
und trinken wollte, da zogen ihn die schweren Steine hinein
und er musste jämmerlich ersaufen.

Als die sieben Geißlein das sahen,
da kamen sie herbeigelaufen und
riefen laut:

„Der Wolf ist tot!
Der Wolf ist tot!",

und tanzten mit ihrer Mutter vor Freude
um den Brunnen herum.

Dornröschen

Es waren einmal ein König und eine Königin, die sprachen jeden Tag: „Ach, wenn wir doch ein Kind hätten!", und kriegten immer keins. Da trug es sich zu, als die Königin einmal im Bade saß, dass ein Frosch aus dem Wasser ans Land kroch und zu ihr sprach: „Dein Wunsch wird erfüllt werden; ehe ein Jahr vergeht, wirst du eine Tochter zur Welt bringen." Was der Frosch gesagt hatte, das geschah und die Königin gebar ein Mädchen, das war so schön, dass der König vor Freude ein großes Fest gab.

Er lud nicht bloß seine Verwandten, Freunde und Bekannten, sondern auch die weisen Frauen dazu ein, damit sie dem Kind hold und gewogen wären. Es waren ihrer dreizehn in seinem Reiche, weil er aber nur zwölf goldene Teller hatte, von welchen sie essen sollten, so musste eine von ihnen daheim bleiben.

Das Fest wurde mit aller Pracht gefeiert, und als es zu Ende war, beschenkten die weisen Frauen das Kind mit ihren Wundergaben:

die eine mit Tugend,
die andere mit Schönheit,
die dritte mit Reichtum
und so mit allem, was auf der Welt zu wünschen ist.

Als elf ihre Sprüche eben getan hatten, trat plötzlich die Dreizehnte herein. Sie wollte sich dafür rächen, dass sie nicht eingeladen war, und rief mit lauter Stimme: „Die Königstochter soll sich in ihrem fünfzehnten Jahr an einer Spindel stechen und tot hinfallen!"

Und ohne ein Wort weiter zu sprechen, drehte sie sich um und verließ den Saal. Alle waren erschrocken, da trat die Zwölfte hervor, die ihren Wunsch noch übrig hatte, und weil sie den bösen Spruch nicht aufheben, sondern ihn nur mildern konnte, so sagte sie: „Es soll aber kein Tod sein sondern ein hundertjähriger tiefer Schlaf, in welchen die Königstochter fällt."

Der König, der sein liebes Kind vor dem Unglück gern bewahren wollte, ließ den Befehl ausgeben, dass alle Spindeln im ganzen Königreich verbrannt werden sollten. An dem Mädchen aber wurden alle Gaben der weisen Frauen erfüllt; denn es war so schön, sittsam, freundlich und verständig, dass es jedermann, der es sah, lieb haben musste.

Es geschah, dass an dem Tage, wo es gerade fünfzehn Jahre alt wurde, der König und die Königin nicht zu Hause waren und das Mädchen ganz allein im Schloss zurückblieb. Da ging es überall herum, besah Stuben und Kammern, wie es Lust hatte, und kam endlich auch an einen alten Turm. Es stieg die enge Wendeltreppe hinauf und gelangte zu einer kleinen Tür.

In dem Schloss steckte ein verrosteter Schlüssel, und als es ihn umdrehte, sprang die Tür auf, und da saß in einem kleinen Stübchen eine alte Frau mit einer Spindel und spann emsig ihren Flachs. „Guten Tag, Mütterchen", sprach die Königstochter, „was machst du da?" – „Ich spinne", sagte die Alte und nickte mit dem Kopf. „Was ist das für ein Ding, das so lustig herumspringt?", sprach das Mädchen und nahm die Spindel.
Kaum hatte sie aber die Spindel angerührt, so ging der Zauberspruch in Erfüllung und sie stach sich damit in den Finger.

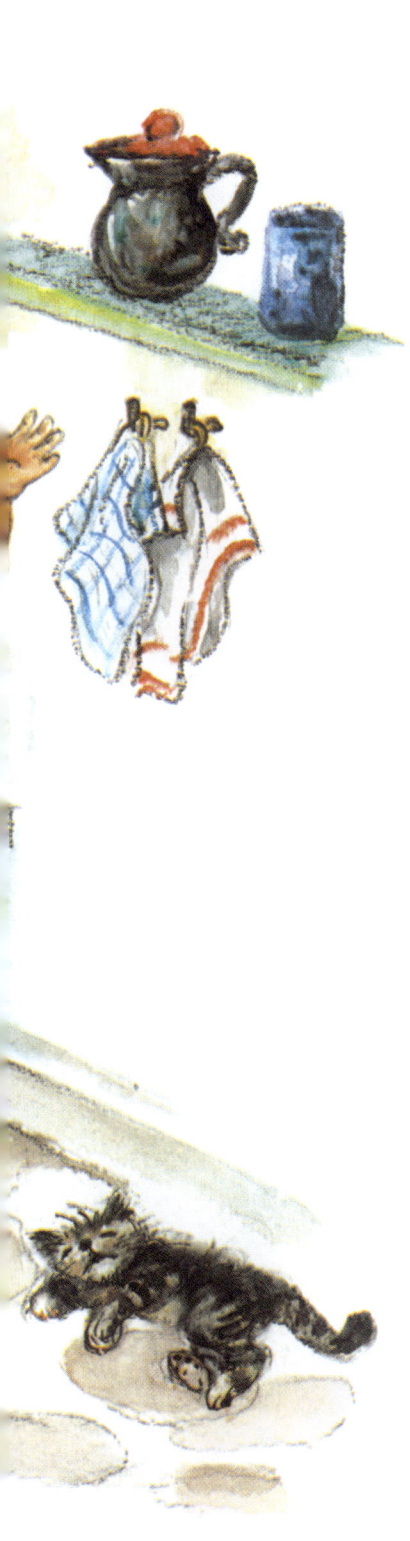

In dem Augenblick aber, wo sie den Stich empfand, fiel sie auf einen Stuhl nieder, der da stand, und lag in einem tiefen Schlaf. Und dieser Schlaf verbreitete sich über das ganze Schloss: Der König und die Königin, die eben heimgekommen waren und in den Saal getreten waren, fingen an einzuschlafen und der ganze Hofstaat mit ihnen. Da schliefen auch die Pferde im Stall, die Hunde im Hofe, die Tauben auf dem Dache, die Fliegen an der Wand, ja, das Feuer, das auf dem Herde flackerte, wurde still und schlief ein. Der Braten hörte auf zu brutzeln und der Koch, der den Küchenjungen, weil er etwas versehen hatte, an den Haaren ziehen wollte, ließ ihn los und schlief. Der Wind legte sich und auf den Bäumen vor dem Schloss regte sich kein Blättchen mehr.

Rings um das Schloss aber begann eine Dornenhecke zu wachsen, die jedes Jahr höher wurde und bald das ganze Schloss umzog und darüber hinauswuchs, dass gar nichts mehr davon zu sehen war, selbst nicht die Fahne auf dem Dach. Es ging aber die Sage im Land umher, von dem schönen schlafenden Dornröschen – denn so wurde die Königstochter genannt –, sodass von Zeit zu Zeit Königssöhne kamen und durch die Hecke in das Schloss dringen wollten. Es war ihnen aber nicht möglich, denn die Dornen hielten fest zusammen. Die Jünglinge blieben darin hängen, konnten sich nicht wieder losmachen und starben eines jämmerlichen Todes.

Nach langen, langen Jahren kam wieder mal ein Königssohn in das Land und hörte, wie ein alter Mann von der Dornenhecke erzählte, es sollte ein Schloss dahinter stehen, in welchem eine wunderschöne Königstochter, Dornröschen genannt, schon seit hundert Jahren schliefe.

Er wusste auch, dass schon viele Königssöhne gekommen waren und versucht hatten, durch die Dornenhecke zu dringen, aber sie waren darin hängen geblieben und gestorben.

Da sprach der Jüngling: „Ich fürchte mich nicht, ich will hinaus und Dornröschen sehen!"

Nun waren aber gerade die hundert Jahre verflossen und der Tag war gekommen, wo Dornröschen wieder erwachen sollte. Als der Königssohn sich der Dornenhecke näherte, waren es lauter große, schöne Blumen, die taten sich von selbst auseinander und ließen ihn hindurch und hinter ihm taten sie sich wieder als eine Hecke zusammen.

Und als er ins Haus kam, schliefen die Fliegen an der Wand, der Koch in der Küche hielt noch die Hand, als wollte er den Jungen anpacken, und die Magd saß vor dem schwarzen Huhn, das gerupft werden sollte. Da ging er weiter und sah im Saale den ganzen Hofstaat liegen und schlafen und oben bei dem Throne lagen der König und die Königin.

Er ging weiter und alles war so still; endlich kam er zu dem Turm und öffnete die Tür zu der Stube, in welcher Dornröschen schlief.

Da lag es und war so schön, dass er die Augen nicht abwenden konnte, er bückte sich und gab ihm einen Kuss.

Wie er es mit dem Mund berührt hatte, schlug Dornröschen die Augen auf, erwachte und blickte ihn freundlich an. Da gingen sie zusammen hinab, der König erwachte und die Königin und der ganze Hofstaat und sie sahen einander mit großen Augen an.

Die Pferde im Hof standen auf und rüttelten sich;
die Jagdhunde sprangen und wedelten;
die Tauben auf dem Dache zogen das Köpfchen unterm Flügel hervor, sahen umher und flogen ins Feld;
die Fliegen an den Wänden krochen weiter;
das Feuer in der Küche erhob sich, flackerte und kochte das Essen;
der Braten fing wieder an zu brutzeln,
der Koch gab dem Jungen eine Ohrfeige,
und die Magd rupfte das Huhn fertig.

Bald wurde die Hochzeit des Königssohns mit dem Dornröschen in aller Pracht gefeiert und sie lebten vergnügt bis an ihr Ende.

Schneewittchen

Es war einmal mitten im Winter, die Schneeflocken fielen wie Federn vom Himmel, da saß eine Königin am Fenster, das einen Rahmen von schwarzem Ebenholz hatte, und nähte. Und wie sie so nähte und nach dem Schnee aufblickte, stach sie sich in den Finger und es fielen drei Tropfen Blut in den Schnee. Und weil das Rote im weißen Schnee so schön aussah, dachte sie bei sich: ‚Hätt ich ein Kind so weiß wie Schnee, so rot wie Blut und so schwarz wie das Holz an dem Rahmen!‘ Bald darauf bekam sie ein Töchterlein, das war so weiß wie Schnee, so rot wie Blut und so schwarzhaarig wie Ebenholz und wurde darum Schneewittchen genannt. Als das Kind geboren war, starb die Königin.

Über ein Jahr nahm sich der König eine andere Gemahlin. Es war eine schöne, aber stolze und hochmütige Frau. Sie hatte einen wunderbaren Spiegel. Wenn sie vor ihn trat und sich darin beschaute, sprach sie:

> „Spieglein, Spieglein
> an der Wand,
> wer ist die Schönste
> im ganzen Land?"

So antwortete der Spiegel:

> „Frau Königin, Ihr seid
> die Schönste im Land."

Da war sie zufrieden; denn sie wusste, dass der Spiegel die Wahrheit sagte. Schneewittchen aber wuchs heran und wurde immer schöner, und als es sieben Jahre alt war, war es so schön wie der klare Tag und schöner als die Königin. Als diese einmal ihren Spiegel fragte:

> „Spieglein, Spieglein
> an der Wand,
> wer ist die Schönste
> im ganzen Land?"

So antwortete der Spiegel:

> „Frau Königin,
> Ihr seid die Schönste hier,
> aber Schneewittchen ist
> tausendmal schöner als Ihr."

Da erschrak die Königin und wurde gelb und grün vor Neid. Von nun an hasste sie das Mädchen. Der Neid wuchs wie Unkraut in ihrem Herzen, sodass sie Tag und Nacht keine Ruhe mehr fand.
Da rief sie einen Jäger und sprach: „Bring das Kind hinaus in den Wald, ich will's nicht mehr sehen. Du sollst es töten und mir Lunge und Leber zum Wahrzeichen mitbringen."

Der Jäger gehorchte, führte es hinaus, und als er den Hirschfänger gezogen
hatte und Schneewittchens unschuldiges Herz durchbohren wollte, fing es
an zu weinen und sprach: „Ach, lieber Jäger, lass mir mein Leben; ich will
in den Wald laufen und nimmermehr heimkommen." Und weil es so schön
war, hatte der Jäger Mitleid und sprach: „So lauf hin, du armes Kind." Als
gerade ein Frischling dahergesprungen kam, stach er ihn ab, nahm Lunge
und Leber heraus und brachte sie der Königin. Der Koch musste sie kochen und das boshafte Weib aß sie auf und meinte, sie hätte Schneewittchens Lunge und Leber gegessen.

Nun war das arme Kind in dem großen Wald mutterseelenallein. Es fing an
zu laufen und lief, solange die Füße konnten. Da sah es ein kleines Häuschen und ging hinein, um sich auszuruhen. In dem Häuschen war alles

klein und zierlich. Da stand ein weiß gedecktes Tischlein mit sieben kleinen Tellern, sieben Löffelein, sieben Messerlein und Gäblein und sieben Becherlein. An der Wand waren sieben Bettlein nacheinander aufgestellt. Schneewittchen, weil es hungrig und durstig war, aß von jedem Tellerlein ein wenig und trank aus jedem Becherlein; denn es wollte nicht einem allein alles wegnehmen. Hernach, weil es so müde war, legte es sich in ein Bettchen, befahl sich Gott und schlief ein.

Als es ganz dunkel geworden war, kamen die Herren von dem Häuslein heim. Es waren die sieben Zwerge, die in den Bergen nach Erz hackten und gruben. Sie zündeten ihre sieben Lichtlein an, und wie es nun hell im Häuslein wurde, sahen sie, dass jemand da gewesen war; denn es stand nicht mehr alles so, wie sie es verlassen hatten.

Der Erste sprach: „Wer hat auf meinem Stühlchen gesessen?"
Der Zweite: „Wer hat von meinem Tellerchen gegessen?"
Der Dritte: „Wer hat von meinem Brötchen genommen?"
Der Vierte: „Wer hat von meinem Gemüschen gegessen?"
Der Fünfte: „Wer hat mit meinem Gäbelchen gestochen?"
Der Sechste: „Wer hat mit meinem Messerchen geschnitten?"

Der Siebte aber, als er in sein Bettchen sah, erblickte Schneewittchen, das darin lag und schlief. Da rief er die andern, die kamen herbeigelaufen, holten ihre sieben Lichtlein und beleuchteten Schneewittchen. „Ei, du mein Gott!", riefen sie, „was ist das Kind schön!", und hatten so große Freude, dass sie es nicht weckten, sondern im Bettlein schlafen ließen. Der siebte Zwerg aber schlief bei seinen Gesellen, bei jedem eine Stunde, da war die Nacht herum.

Morgens erwachte Schneewittchen, und wie es die sieben Zwerge sah, erschrak es. Sie waren aber freundlich und fragten: „Wie heißt du?" – „Ich heiße Schneewittchen", antwortete es. „Wie bist du in unser Haus gekommen?" Da erzählte es ihnen, dass seine Stiefmutter es hätte umbringen lassen wollen, der Jäger ihm aber das Leben geschenkt hätte, und da wär es gelaufen, bis es ihr Häuschen gefunden hätte.

Die Zwerge sprachen: „Willst du unseren Haushalt versehen und willst du alles ordentlich und reinlich halten, so kannst du bei uns bleiben und es soll dir an nichts fehlen." – „Ja", sagte Schneewittchen, „von Herzen gern." Morgens gingen sie in die Berge und suchten Erz und Gold, abends kamen sie wieder, und da musste ihr Essen bereit sein.
Den Tag über war das Mädchen allein; darum warnten es die guten Zwerglein und sprachen: „Hüte dich vor deiner Stiefmutter, sie wird bald wissen, dass du hier bist; lass ja niemanden herein!"

Die Königin aber, nachdem sie Schneewittchens Lunge und Leber glaubte gegessen zu haben, dachte, nun wieder die Allerschönste zu sein, trat vor ihren Spiegel und sprach:

> „Spieglein, Spieglein an der Wand,
> wer ist die Schönste im ganzen Land?"

Da antwortete der Spiegel:

> „Frau Königin, Ihr seid die Schönste hier,
> aber Schneewittchen über den Bergen,
> bei den sieben Zwergen,
> ist noch tausendmal schöner als Ihr."

Da erschrak sie; denn sie wusste, dass der Spiegel die Wahrheit sprach, der Jäger sie betrogen hatte und Schneewittchen noch lebte. Nun sann sie aufs Neue, wie sie es umbringen könne. Sie färbte sich das Gesicht und verkleidete sich in eine alte Krämerin, ging über die sieben Berge zu den sieben Zwergen, klopfte an die Tür und rief: „Schöne Ware feil, feil!" Schneewittchen guckte zum Fenster heraus und rief: „Guten Tag, liebe Frau, was habt Ihr zu verkaufen?" – „Gute Ware, Schnürriemen in allen Farben", und holte einen hervor, der aus bunter Seide geflochten war. ‚Die ehrliche Frau kann ich hereinlassen', dachte Schneewittchen, riegelte die Tür auf und kaufte sich den hübschen Schnürriemen. „Kind", sprach die Alte, „wie du aussiehst! Komm, ich will dich einmal ordentlich schnüren." Schneewittchen hatte keine Angst, stellte sich vor sie hin und ließ sich mit dem Schnürriemen schnüren. Aber die Alte schnürte geschwind und so fest, dass dem Schneewittchen der Atem verging und es wie tot hinfiel. „Nun bist du die Schönste gewesen", sprach sie und eilte hinaus.
Nicht lange darauf kamen die sieben Zwerge nach Hause. Wie erschraken sie, als ihr liebes Schneewittchen auf der Erde lag, als wäre es tot. Als sie sahen, dass es zu fest geschnürt war, schnitten sie den Schnürriemen entzwei, da fing es ein wenig zu atmen an und wurde nach und nach wieder lebendig. Als die Zwerge hörten, was geschehen war, sprachen sie. „Die alte Krämerfrau war niemand anderes als die gottlose Königin. Hüte dich und lass keinen Menschen herein."

Das böse Weib aber, als es nach Hause gekommen war, ging vor den Spiegel und fragte:

> „Spieglein, Spieglein an der Wand,
> wer ist die Schönste im ganzen Land?"

Da antwortete er wie sonst:

> „Frau Königin, Ihr seid die Schönste hier,
> aber Schneewittchen über den Bergen,
> bei den sieben Zwergen,
> ist noch tausendmal schöner als Ihr."

Als sie das hörte, erschrak sie. „Nun aber", sprach sie, „will ich etwas aussinnen, das dich zugrunde richten soll", und mit Hexenkünsten machte sie einen giftigen Kamm. Dann verkleidete sie sich und nahm die Gestalt eines andern alten Weibes an. So ging sie hin über die sieben Berge, klopfte an die Tür und rief: „Gute Ware feil!" Schneewittchen schaute heraus und sprach: „Geht nur weiter, ich darf niemanden hereinlassen." – „Das Ansehen wird dir doch erlaubt sein", sprach die Alte, zog den giftigen Kamm heraus und hielt ihn in die Höhe. Er gefiel dem Kind so gut, dass es sich betören ließ und die Tür öffnete. Als sie des Kaufs einig waren, sprach die Alte: „Nun will ich dich einmal ordentlich kämmen." Das arme Schneewittchen dachte an nichts und ließ die Alte gewähren, aber kaum hatte sie den Kamm in die Haare gesteckt, als das Gift darin wirkte und das Mädchen ohne Besinnung niederfiel. „Du Ausbund von Schönheit", sprach das boshafte Weib, „jetzt ist's um dich geschehen", und ging fort. Zum Glück aber war es bald Abend, wo die sieben Zwerglein nach Haus kamen. Als sie Schneewittchen wie tot auf der Erde liegen sahen, hatten sie gleich die Stiefmutter in Verdacht, suchten und fanden den giftigen Kamm und kaum hatten sie ihn herausgezogen, kam Schneewittchen wieder zu sich. Da warnten sie es noch einmal, auf der Hut zu sein und niemandem die Türe zu öffnen.
Die Königin stellte sich daheim vor den Spiegel und sprach:

> „Spieglein, Spieglein an der Wand,
> wer ist die Schönste im ganzen Land?"

Er antwortete wie vorher:

> „Frau Königin, Ihr seid die Schönste hier,
> aber Schneewittchen über den Bergen,
> bei den sieben Zwergen,
> ist doch noch tausendmal schöner als Ihr."

Als sie den Spiegel so reden hörte, zitterte und bebte sie vor Zorn. „Schneewittchen soll sterben", rief sie, „und wenn es mein eignes Leben kostet." Darauf ging sie in eine verborgene Kammer und machte einen giftigen Apfel. Äußerlich sah er schön aus, weiß mit roten Backen, dass jeder, der ihn erblickte, Lust danach bekam. Aber wer ein Stückchen davon aß, musste sterben. Als der Apfel fertig war, verkleidete sie sich in eine Bauersfrau und ging über die sieben Berge zu den sieben Zwergen. Sie klopfte an, Schneewittchen streckte den Kopf zum Fenster heraus und sprach: „Ich darf keinen Menschen einlassen, die sieben Zwerge haben mir's verboten." – „Mir auch recht", antwortete die Bäuerin, „meine Äpfel will ich schon loswerden. Da, einen will ich dir schenken." – „Nein", sprach Schneewittchen, „ich darf nichts annehmen." – „Fürchtest du dich vor Gift?", sprach die Alte, „siehst du, da schneide ich den Apfel in zwei Teile; die rote Backe isst du, die weiße will ich essen." Der Apfel aber war so kunstvoll gemacht, dass die rote Backe allein vergiftet war. Schneewittchen reizte der schöne Apfel, und als es sah, dass die Bäuerin davon aß, konnte es nicht länger widerstehen und nahm die giftige Hälfte. Kaum aber hatte es einen Bissen davon im Mund, fiel es tot nieder. Da betrachtete es die Königin mit grausigen Blicken, lachte überlaut und sprach: „Weiß wie Schnee, rot wie Blut, schwarz wie Ebenholz! Diesmal können dich die Zwerge nicht wieder erwecken." Und als sie daheim den Spiegel befragte:

> „Spieglein, Spieglein an der Wand,
> wer ist die Schönste im ganzen Land?",

so antwortete er endlich:

> „Frau Königin, Ihr seid die Schönste im Land!"

Da hatte ihr neidisches Herz Ruhe.

Die Zwerglein, als sie abends nach Hause kamen, fanden Schneewittchen auf der Erde liegen, es ging kein Atem mehr aus seinem Mund, es war tot.

Sie hoben es auf, suchten, ob sie was Giftiges fänden, schnürten es auf, kämmten ihm die Haare, wuschen es mit Wasser und Wein, aber es half alles nichts; das liebe Kind war tot und blieb tot. Sie legten es auf eine Bahre und setzten sich alle sieben daran und beweinten es und weinten drei Tage lang. Da wollten sie es begraben, aber es sah noch so frisch aus wie ein lebender Mensch und hatte noch seine schönen roten Backen. Sie sprachen: „Das können wir nicht in die schwarze Erde versenken", und ließen einen durchsichtigen Sarg von Glas machen, dass man es von allen Seiten sehen konnte. Dann setzten sie den Sarg hinaus auf den Berg und einer von ihnen blieb immer dabei. Und die Tiere kamen auch und beweinten Schneewittchen, erst eine Eule, dann ein Rabe, zuletzt ein Täubchen.

Nun lag Schneewittchen lange, lange Zeit im Sarg und sah aus, als wenn es schliefe; denn es war noch so weiß wie Schnee, so rot wie Blut und so schwarzhaarig wie Ebenholz. Es geschah aber, dass ein Königssohn in den Wald geriet und zu dem Zwergenhaus kam, da zu übernachten. Er sah auf dem Berg den Sarg und das schöne Schneewittchen darin und las, was mit goldenen Buchstaben darauf geschrieben war. Da sprach er zu den Zwergen: „Lasst mir den Sarg, ich will euch geben, was ihr dafür haben wollt." Aber die Zwerge antworteten: „Wir geben ihn nicht um alles Gold in der Welt!" Da sprach er: „So schenkt ihn mir; denn ich kann nicht leben, ohne Schneewittchen zu sehen, ich will es ehren wie mein Liebstes." Wie er so sprach, empfanden die guten Zwerglein Mitleid mit ihm und gaben ihm den Sarg. Der Königssohn ließ ihn nun von seinen Dienern auf den Schultern forttragen. Da geschah es, dass sie stolperten und durch die Erschütterung Schnee-wittchen das giftige Apfelstück erbrach. Nicht lange danach öffnete es die Augen, hob den Deckel vom Sarg in die Höhe und war wieder lebendig. „Ach Gott, wo bin ich?", rief es. Der Königssohn sagte voll Freude: „Du bist bei mir", und sprach: „Ich habe dich lieber als alles auf der Welt; komm mit mir in meines Vaters Schloss, du sollst meine Gemahlin werden!"

Da war ihm Schneewittchen gut und ging mit ihm und ihre Hochzeit wurde mit großer Pracht und Herrlichkeit gefeiert.

Zu dem Fest wurde auch die gottlose Stiefmutter eingeladen. Wie sie sich mit schönen Kleidern angetan hatte, trat sie vor den Spiegel und sprach:

„Spieglein, Spieglein an der Wand,
wer ist die Schönste im ganzen Land?"

Der Spiegel antwortete:

„Frau Königin, Ihr seid die Schönste hier,
aber die junge Königin ist tausendmal schöner als Ihr!"

Da stieß das böse Weib einen Fluch aus und es wurde ihr angst. Sie wollte zuerst gar nicht auf die Hochzeit kommen; doch ließ es ihr keine Ruhe, sie musste hin und die junge Königin sehen. Wie sie eintrat, erkannte sie Schneewittchen und vor Angst und Schrecken stand sie da und konnte sich nicht regen. Aber es waren schon eiserne Pantoffeln über ein Kohlenfeuer gestellt worden, in denen musste sie tanzen, bis sie tot zur Erde fiel.

Der gestiefelte Kater

Es war einmal ein Müller, der hatte drei Söhne, eine Mühle, einen Esel und einen Kater; die Söhne mussten mahlen, der Esel Getreide holen und Mehl forttragen und die Katze die Mäuse fangen. Als der Müller starb, teilten sich die drei Söhne die Erbschaft, der älteste bekam die Mühle, der zweite den Esel, der dritte den Kater, weiter blieb nichts für ihn übrig. Da war er traurig und sprach zu sich selbst: „Ich hab es doch am allerschlimmsten, mein ältester Bruder kann mahlen, mein zweiter kann auf seinem Esel reiten, aber was kann ich mit dem Kater anfangen? Lass ich mir ein Paar Pelzhandschuhe aus seinem Fell machen, so ist's vorbei." – „Hör", fing der Kater an, der alles verstanden hatte, was er gesagt, „du brauchst mich nicht zu töten für ein paar schlechte Handschuhe, lass mir nur ein Paar Stiefel machen, dass ich ausgehen und mich unter den Leuten sehen lassen kann, dann soll dir bald geholfen sein." Der Müllerssohn wunderte sich, dass der Kater so sprach, weil aber eben der Schuster vorbeiging, rief er ihn herein und ließ ihm ein Paar Stiefel anmessen. Als sie fertig waren, zog sie der Kater an, nahm einen Sack, machte den Boden desselben voll Korn, oben eine Schnur daran, womit man ihn zuziehen konnte, dann warf er ihn über den Rücken und ging auf zwei Beinen wie ein Mensch zur Tür hinaus.

Dazumal regierte ein König im Land, der aß so gern Rebhühner. Es war aber so, dass keine zu fangen waren. Der ganze Wald war voll, aber sie waren so scheu, dass kein Jäger sie erreichen konnte. Das wusste der Kater und dachte, seine Sache besser zu machen. Als er in den Wald kam, tat er den Sack auf, breitete das Korn auseinander, die Schnur aber legte er ins Gras und leitete sie hinter eine Hecke. Dann versteckte er sich und lauerte. Die Rebhühner kamen bald gelaufen, fanden das Korn und eins nach dem andern hüpfte in den Sack hinein. Als genug darin waren, zog der Kater den Strick zu, drehte ihnen den Hals um und ging geradewegs nach des Königs Schloss.

Die Wache rief: „Halt! Wohin?" – „Zum König", antwortete der Kater kurzweg. – „Bist du toll, ein Kater zum König?" – „Lass ihn nur gehen" sagte ein anderer, „der König hat doch oft Langeweile, vielleicht macht ihm der Kater mit seinem Brummen und Spinnen Vergnügen."

Als der Kater vor den König trat, machte er eine Verbeugung und sagte: „Mein Herr, der Graf", dabei nannte er einen langen und vornehmen Namen, „lässt sich dem Herrn König empfehlen und schickt ihm die Rebhühner, die er eben in Schlingen gefangen hat."

Der König staunte über die schönen Rebhühner und vor Freude befahl er, dem Kater so viel Gold aus der Schatzkammer in den Sack zu tun, als er nur tragen könne: „Das bring deinem Herrn und danke ihm für sein Geschenk."

Der arme Müllerssohn aber saß zu Haus und dachte, dass er nun sein Letztes für die Stiefel des Katers weggegeben hatte. Da trat plötzlich der Kater herein, warf den Sack vom Rücken, schnürte ihn auf und schüttete das Gold auf den Boden: „Da hast du etwas für die Stiefel, der König lässt dich auch grüßen und dir vielen Dank sagen." Der Müller war froh über den Reichtum, ohne dass er noch recht begreifen konnte, wie es zugegangen war. Der Kater aber erzählte ihm alles, dann sagte er: „Du hast zwar jetzt Geld genug, aber dabei soll es nicht bleiben, morgen zieh ich meine Stiefel wieder an und du sollst noch reicher werden. Dem König habe ich gesagt, dass du ein Graf bist."

Am anderen Tag ging der Kater, wie er gesagt hatte, wohl gestiefelt auf die Jagd und brachte dem König wieder einen reichen Fang. So ging es viele

Tage und der Kater wurde beim König so beliebt, dass
er aus- und eingehen durfte und im Schloss herumstreichen, wo er wollte.

Einmal stand der Kater in der Küche des Königs beim Herd und wärmte
sich, da kam der Kutscher und fluchte: „Ich wünschte, der König mit der
Prinzessin wär' beim Henker! Ich wollt' ins Wirtshaus gehen und einmal
trinken und Karten spielen, nun soll ich sie am See spazieren fahren." Wie
der Kater das hörte, schlich er nach Hause und sagte zu seinem Herrn:
„Wenn du ein Graf und reich werden willst, so komm mit mir hinaus an
den See und bade dich darin."

Der Müller wusste nicht, was er dazu sagen sollte, doch folgte er dem Kater, zog sich splitternackt aus und sprang ins Wasser. Der Kater aber nahm seine Kleider und versteckte sie. Da kam der König einhergefahren und der Kater fing an, erbärmlich zu schreien: „Ach! Allergnädigster König! Mein Herr, der hat hier im See gebadet, da ist ein Dieb gekommen und hat ihm die Kleider gestohlen, nun ist der Herr Graf im Wasser und kann nicht heraus, und wenn er länger darin bleibt, wird er sich erkälten und sterben." Wie der König das hörte, ließ er anhalten und einer von seinen Leuten musste zurücklaufen und von des Königs Kleidern holen.

Der Herr Graf zog die prächtigen Kleider an, und weil ihm der König ohnehin wegen der Rebhühner dankbar war, musste er sich zu ihm in die Kutsche setzen. Die Prinzessin war auch nicht bös darüber, denn der junge Graf gefiel ihr recht gut.

Der Kater aber war vorausgegangen und zu einer großen Wiese gekommen, wo über hundert Leute waren und Heu machten. „Wem gehört die Wiese, Leute?", fragte der Kater. – „Dem großen Zauberer."

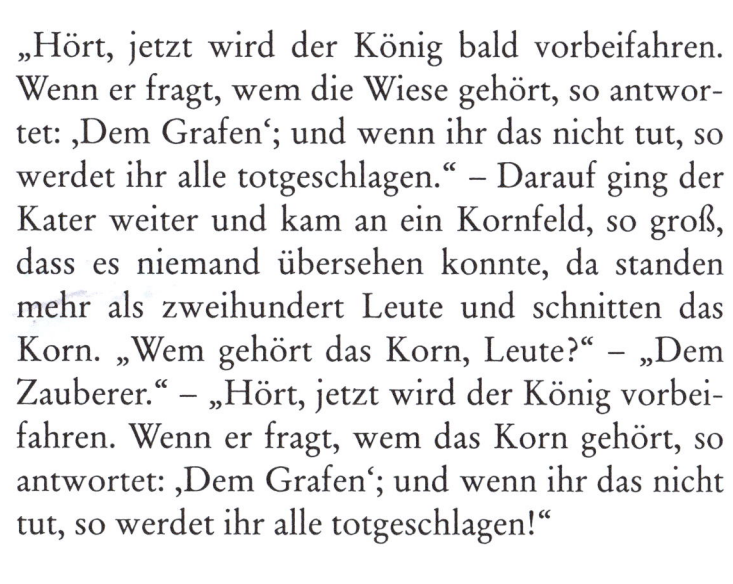

„Hört, jetzt wird der König bald vorbeifahren. Wenn er fragt, wem die Wiese gehört, so antwortet: ‚Dem Grafen'; und wenn ihr das nicht tut, so werdet ihr alle totgeschlagen." – Darauf ging der Kater weiter und kam an ein Kornfeld, so groß, dass es niemand übersehen konnte, da standen mehr als zweihundert Leute und schnitten das Korn. „Wem gehört das Korn, Leute?" – „Dem Zauberer." – „Hört, jetzt wird der König vorbeifahren. Wenn er fragt, wem das Korn gehört, so antwortet: ‚Dem Grafen'; und wenn ihr das nicht tut, so werdet ihr alle totgeschlagen!"

Endlich kam der Kater an einen prächtigen Wald, da standen mehr als dreihundert Leute, fällten große Eichen und machten Holz. „Wem gehört der Wald, Leute?" – „Dem Zauberer." – „Hört, jetzt wird der König vorbeifahren. Wenn er fragt, wem der Wald gehört, so antwortet: ‚Dem Grafen'; und wenn ihr das nicht tut, so werdet ihr alle totgeschlagen."

Der Kater ging noch weiter, die Leute sahen ihm alle nach, und weil er so wunderlich aussah und wie ein Mensch in Stiefeln daherging, fürchteten sie sich vor ihm.

Er kam bald an des Zauberers Schloss und trat vor ihn hin. Der Zauberer sah ihn verächtlich an und fragte ihn, was er wolle. Der Kater machte eine Verbeugung und sagte: „Ich habe gehört, dass du dich in jedes Tier verwandeln könntest; dass dies in einen Hund, Fuchs oder auch Wolf möglich ist, will ich wohl glauben, aber in einen Elefanten – das scheint mir doch unfassbar, und deshalb bin ich gekommen, um mich selbst zu überzeugen."

Der Zauberer sagte stolz: „Das ist eine Kleinigkeit", und war in dem Augenblick in einen Elefanten verwandelt. „Das ist viel, aber auch in einen Löwen?" – „Das ist auch nichts", sagte der Zauberer und stand als ein Löwe vor dem Kater. Der Kater stellte sich erschrocken und rief: „Das ist unglaublich, dergleichen hätt ich mir nicht im Traum gedacht; aber noch mehr als alles andere wäre es, wenn du dich auch in ein so kleines Tier wie eine Maus verwandeln könntest, dann wärst du der größte Zauberer auf der Welt." Der Zauberer war ganz freundlich durch die süßen Worte und sagte: „O ja, liebes Kätzchen, das kann ich auch", und sprang als eine Maus im Zimmer herum. Der Kater aber fing die Maus und fraß sie auf.

Der König war mit dem Grafen und der Prinzessin weitergefahren und kam zu der großen Wiese. „Wem gehört das Heu?", fragte der König. – „Dem Herrn Grafen", riefen alle, wie der Kater ihnen befohlen hatte. – „Ihr habt da ein schön Stück Land, Herr Graf", sagte er. Danach kamen sie an das große Kornfeld. „Wem gehört das Korn, ihr Leute?" – „Dem Herrn Grafen." – „Ei! Herr Graf! Große, schöne Ländereien!" – Daraufhin beim Wald: „Wem gehört das Holz, ihr Leute?" – „Dem Herrn Grafen." – Der König wunderte sich noch mehr und sagte: „Ihr müsst ein reicher Mann sein, Herr Graf, ich habe keinen so prächtigen Wald."

Nun kamen sie an das Schloss, der Kater stand oben an der Treppe, und als
der Wagen unten hielt, sprang er herab, machte die Tür auf und sagte:
„Herr König, Ihr gelangt hier in das Schloss meines Herrn, des Grafen, den
diese Ehre für sein Lebtag glücklich machen wird!" Der König stieg aus
und wunderte sich über dies prächtige Gebäude, das fast größer und schöner war als sein Schloss; der Graf führte die Prinzessin hinauf in den Saal.

Bald wurde die Prinzessin seine Gemahlin,
und als der König starb, wurde er König,
der gestiefelte Kater aber sein erster Minister.

Frau Holle

Eine Witwe hatte zwei Töchter, davon war die eine schön und
fleißig, die andere hässlich und faul. Sie hatte aber die hässliche
und faule, weil sie ihre eigene Tochter war, viel lieber. Die andere
musste alle Arbeit tun. Das arme Mädchen saß täglich auf dem
großen Markt am Brunnen und musste so viel spinnen, dass ihr
das Blut aus den Fingern sprang. Nun trug es sich zu, dass die
Spule einmal ganz blutig war; da bückte sich das Mädchen in den
Brunnen und wollte sie abwaschen. Die Spule sprang ihm aber
aus der Hand und fiel hinab.

Es weinte bitterlich, lief zur Stiefmutter und erzählte
ihr das Unglück. Die aber schalt das Mädchen heftig
und unbarmherzig sprach sie: „Hast du die Spule hi-
nunterfallen lassen, so hol sie auch wieder herauf."

Da ging das Mädchen zu dem Brunnen zurück und
wusste nicht, was es anfangen sollte. In seiner Angst
sprang es in den Brunnen hinein, um die Spule zu
holen. Dabei verlor es die Besinnung.
Als das Mädchen wieder erwachte, lag es auf einer
schönen Wiese, wo die Sonne schien und viele Blumen
standen. Auf dieser Wiese ging es weiter und kam zu
einem Backofen, der voller Brot war. Das Brot aber
rief: „Ach, zieh mich raus, zieh mich raus, sonst verbrenn ich, ich bin schon längst ausgebacken." Sogleich
trat das Mädchen herzu und holte mit dem Brotschieber
alles nacheinander heraus.

Danach ging es weiter und kam zu einem Baum, der voller Äpfel hing. Der Baum rief ihm zu: „Ach, schüttel mich, schüttel mich, die Äpfel sind alle miteinander reif." Da schüttelte das Mädchen den Baum, dass die Äpfel fielen, und schüttelte, bis keiner mehr oben war. Als es alle Äpfel auf einen Haufen gelegt hatte, ging das Mädchen wieder weiter.

Schließlich kam es zu einem kleinen Haus. Eine uralte Frau schaute zum
Fenster heraus. Das Mädchen bekam Angst und es wollte fortlaufen.
Die alte Frau aber rief ihm nach:

„Was fürchtest du dich, liebes Kind? Bleib bei mir.
Wenn du alle Arbeit im Haus tun willst, so soll's
dir gut gehen. Du musst nur Acht geben, dass du
mein Bett gut machst und es fleißig aufschüttelst,
dass die Federn fliegen. Dann schneit es auf der Erde,
denn ich bin die Frau Holle."

Weil die Alte ihm so gut zusprach, willigte das Mädchen ein. Es besorgte
auch alles zur Zufriedenheit der Frau Holle und schüttelte ihr das Bett immer gewaltig auf, dass die Federn wie Schneeflocken umherflogen.

Dafür hatte das Mädchen auch ein gutes Leben bei ihr. Doch als einige Zeit
vergangen war, bekam es Heimweh, obwohl es ihm hier viel besser ging als
zu Hause. Da sagte es zur Frau Holle:

„Ich habe Sehnsucht nach zu Hause, und wenn
es mir hier unten auch noch so gut geht, kann ich
doch nicht länger bleiben; ich muss wieder hinauf."

Frau Holle erwiderte:

„Es gefällt mir, dass du wieder nach Haus verlangst,
und weil du mir so treu gedient hast, so will
ich dich selbst wieder hinaufbringen."

Sie nahm das Mädchen bei der Hand und führte es vor ein großes Tor.

Das Tor wurde aufgetan, und als das Mädchen gerade darunter stand, fiel ein gewaltiger Goldregen und alles Gold blieb an ihm hängen, sodass es über und über davon bedeckt war. „Das sollst du haben, weil du so fleißig gewesen bist", sprach Frau Holle und gab ihm auch die Spule wieder, die ihm in den Brunnen gefallen war. Darauf wurde das Tor verschlossen und das Mädchen befand sich wieder oben auf der Erde, nicht weit vom Haus seiner Mutter. Als es zu Hause in den Hof kam, saß der Hahn auf dem Brunnen und rief:

„Kikeriki,
unsere goldene Jungfrau ist wieder hie."

Das Mädchen ging ins Haus, und weil es so mit Gold bedeckt ankam, wurde es von Stiefmutter und Schwester gut aufgenommen.

Es erzählte alles, was ihm begegnet war, und als die Stiefmutter hörte, wie es zu dem großen Reichtum gekommen war, wollte sie der anderen, hässlichen und faulen Tochter gerne dasselbe Glück verschaffen.

Die Faule musste sich an den Brunnen setzen und spinnen, und damit ihr die Spule blutig wurde, stach sie sich in die Finger und stieß die Hand in die Dornenhecke. Dann warf sie die Spule in den Brunnen und sprang selber hinein. Sie kam wie die andere auf die schöne Wiese und ging auf demselben Pfade weiter. Als sie zu dem Backofen gelangte, schrie das Brot wieder: „Ach, zieh mich raus, zieh mich raus, sonst verbrenn ich, ich bin schon längst ausgebacken." Die Faule aber antwortete: „Da hätt ich Lust, mich

schmutzig zu machen", und ging fort. Bald kam sie zu dem Apfelbaum, der rief: „Ach, schüttel mich, schüttel mich, wir Äpfel sind alle miteinander reif." Sie antwortete aber: „Du kommst mir recht, es könnte mir ja einer auf den Kopf fallen." Damit ging sie weiter. Als sie vor Frau Holles Haus kam, fürchtete sie sich nicht und verdingte sich gleich bei ihr.

Am ersten Tag tat sie sich Gewalt an, war fleißig und folgte der Frau Holle, denn sie dachte an das viele Gold, das sie ihr schenken würde. Am zweiten

Tag aber fing sie schon an zu faulenzen, am dritten noch mehr – da wollte sie morgens gar nicht aufstehen. Sie machte auch der Frau Holle das Bett nicht, wie sich's gebührte, und schüttelte es nicht, dass die Federn aufflogen. Das wurde der Frau Holle bald zu dumm und sie kündigte ihr den Dienst. Das Mädchen war damit einverstanden und meinte, nun würde der Goldregen kommen. Frau Holle führte es auch zu dem Tor, doch als es darunter stand, wurde statt des Goldes ein großer Kessel voll Pech ausgeschüttet.

„Das ist die Belohnung für deine Dienste", sagte Frau Holle und schloss das Tor zu.

Da kam die Faule heim. Da sie aber ganz mit Pech bedeckt war, rief der Hahn auf dem Brunnen, als er sie sah:

„Kikeriki,
unsere schmutzige Jungfrau ist wieder hie."

Das Pech aber blieb fest an ihr hängen und wollte, solange sie lebte, nicht abgehen.

Rotkäppchen

Es war einmal eine kleine süße Dirn, die hatte jedermann lieb, der sie nur ansah, am allerliebsten aber ihre Großmutter, die wusste gar nicht, was sie alles dem Kind geben sollte. Einmal schenkte sie ihm ein Käppchen von rotem Samt, und weil ihm das so wohl stand und es nichts anderes mehr tragen wollte, hieß es nur noch „das Rotkäppchen". Eines Tages sprach seine Mutter zu ihm: „Komm, Rotkäppchen, da hast du ein Stück Kuchen und eine Flasche Wein, bring das der Großmutter hinaus; sie ist krank und schwach und wird sich daran laben. Mach dich auf, bevor es heiß wird, und wenn du hinauskommst, so geh hübsch sittsam und lauf nicht vom Weg ab, sonst fällst du und zerbrichst das Glas und die Großmutter hat nichts. Und wenn du in ihre Stube kommst, so vergiss nicht, guten Morgen zu sagen, und guck nicht erst in allen Ecken herum."

„Ich will schon alles gut machen",
sagte Rotkäppchen zur Mutter
und gab ihr die Hand darauf.

Die Großmutter aber wohnte draußen im Wald, eine halbe Stunde vom Dorf. Wie nun Rotkäppchen in den Wald kam, begegnete ihm der Wolf. Rotkäppchen aber wusste nicht, was das für ein böses Tier war, und fürchtete sich nicht vor ihm.

„Guten Tag, Rotkäppchen", sprach er. „Schönen Dank, Wolf." – „Wohin so früh, Rotkäppchen?" – „Zur Großmutter." – „Was trägst du unter der Schürze?" – „Kuchen und Wein, gestern haben wir gebacken; da soll sich die kranke und schwache Großmutter etwas zugute tun und sich damit stärken." – „Rotkäppchen, wo wohnt deine Großmutter?" – „Noch eine gute Viertelstunde weiter im Wald, unter den drei großen Eichenbäumen steht ihr Haus, unten sind die Nusshecken, das wirst du ja wissen", sagte Rotkäppchen.

Der Wolf dachte bei sich: ‚Das junge, zarte Ding, das ist ein fetter Bissen, der wird noch besser schmecken als die Alte, du musst es listig anfangen, damit du beide schnappst.‘

Da ging er ein Weilchen neben Rotkäppchen her; dann sprach er: „Rotkäppchen, sieh einmal die schönen Blumen, die ringsumher stehen. Ich glaube, du hörst gar nicht, wie die Vöglein so lieblich singen? Du gehst ja für dich hin, als wenn du zur Schule gingst, dabei ist es so lustig im Wald."

Rotkäppchen schlug die Augen auf, und als es sah, wie die Sonnenstrahlen durch die Bäume hin und her tanzten und alles voll schöner Blumen stand, dachte es: ‚Wenn ich der Großmutter einen frischen Strauß mitbringe, der wird ihr auch Freude machen; es ist so früh am Tag, dass ich noch zu rechter Zeit ankomme', lief vom Wege ab in den Wald hinein und suchte Blumen.

Und wenn es eine gebrochen hatte, meinte es, weiter hinaus stände eine schönere und geriet immer tiefer in den Wald hinein. Der Wolf aber ging geradewegs nach dem Haus der Großmutter und klopfte an die Tür.

„Wer ist draußen?" – „Rotkäppchen, das bringt Kuchen und Wein, mach auf." – „Drück nur auf die Klinke", rief die Großmutter, „ich bin zu schwach und kann nicht aufstehen." Der Wolf drückte auf die Klinke, die Tür sprang auf und er ging, ohne ein Wort zu sprechen, zum Bett der Großmutter und verschluckte sie. Dann tat er ihre Kleider an, setzte ihre Haube auf, legte sich in ihr Bett und zog die Vorhänge vor.

Rotkäppchen aber war nach den Blumen herumgelaufen, und als es so viel zusammen hatte, dass es keine mehr tragen konnte, fiel ihm die Großmutter wieder ein und es machte sich auf den Weg zu ihr.

Es wunderte sich, dass die Tür offen stand, und wie es in die Stube trat, so kam es ihm so seltsam darin vor, dass es dachte: ‚Ei, du mein Gott, wie ängstlich wird mir's heute zumut und ich bin sonst so gerne bei der Großmutter!' – Es rief: „Guten Morgen", bekam aber keine Antwort.

Darauf ging es zum Bett und zog die Vorhänge zurück. Da lag die Großmutter und hatte die Haube tief ins Gesicht gesetzt und sah so wunderlich aus.

„Ei, Großmutter, was hast du für große Ohren?"

„Dass ich dich besser hören kann."

„Ei, Großmutter, was hast du für große Augen?"

„Dass ich dich besser sehen kann."

„Ei, Großmutter, was hast du für große Hände?"

„Dass ich dich besser packen kann."

„Aber Großmutter, was hast du für ein

entsetzlich großes Maul?"

„Dass ich dich besser fressen kann!"

Kaum hatte der Wolf das gesagt, so tat er einen Satz aus dem Bette und verschlang das arme Rotkäppchen.

Wie der Wolf seine Gelüste gestillt hatte, legte er sich wieder ins Bett, schlief ein und fing an, überlaut zu schnarchen. Der Jäger ging eben an dem Haus vorbei und dachte: ‚Wie die alte Frau schnarcht, du musst doch sehen, ob ihr was fehlt.' Da trat er in die Stube, und wie er vor das Bett kam, sah er, dass der Wolf darin lag. „Finde ich dich hier, du alter Sünder", sagte er, „ich habe dich lange gesucht." Nun wollte er seine Büchse anlegen, da fiel ihm ein, der Wolf könnte die Großmutter gefressen haben und sie wäre noch zu retten, schoss nicht, sondern nahm eine Schere und fing an, dem schlafenden Wolf den Bauch aufzuschneiden.

Wie er ein paar Schnitte getan hatte, da sah er das rote Käppchen leuchten, und noch ein paar Schnitte, da sprang das Mädchen heraus und rief: „Ach, wie war's so dunkel in dem Wolf seinem Leib!" Und dann kam die alte Großmutter auch noch lebendig heraus. Rotkäppchen aber holte geschwind große Steine, damit füllten sie dem Wolf den Leib, und wie er aufwachte, wollte er fortspringen, aber die Steine waren so schwer, dass er niedersank und tot hinfiel.

Da waren alle drei vergnügt; der Jäger zog dem Wolf den Pelz ab, die Großmutter aß den Kuchen und trank den Wein, den Rotkäppchen gebracht hatte, und erholte sich wieder.

Rotkäppchen aber dachte: ‚Du willst deiner Lebtag nicht wieder allein vom Wege ab in den Wald laufen, wenn dir's die Mutter verboten hat.'

Inhaltsverzeichnis